THIS BOOK BELONGS TO

HAPPY
HALLOWEEN

Halloween Party

P	G	P	E	S	K	E	L	E	T	O	N
L	A	I	Y	Q	R	B	D	Z	R	E	V
C	K	F	M	A	I	P	G	S	E	L	F
Q	A	H	M	J	K	D	Y	B	A	O	R
E	R	P	U	M	P	K	I	N	T	E	A
W	T	C	M	F	O	S	E	O	L	I	N
E	I	D	A	O	U	P	J	C	G	N	K
B	A	T	P	X	M	I	L	A	H	Q	E
M	L	S	C	A	N	D	Y	C	O	R	N
E	D	A	B	H	C	E	E	B	S	I	S
H	J	T	C	Y	G	R	F	V	T	A	T
T	R	I	C	K	F	K	A	F	I	H	E
N	I	D	R	A	C	U	L	A	M	L	I
K	G	T	N	W	J	A	L	H	I	S	N
E	S	U	O	H	D	E	T	N	U	A	H

Pumpkin	Spider	Candy Corn
Bat	Spooky	Haunted House
Witch	Fall	Skeleton
Devil	Trick	Ghost
Mummy	Treat	Frankenstein
Black Cat	Dracula	Web

BOO!

Q	Y	C	B	C	O	S	T	U	M	E	Y	T	N	W
H	E	F	Y	Q	U	N	A	C	A	P	P	L	E	F
A	T	R	I	C	K	S	A	E	M	L	N	C	V	E
U	N	D	R	N	B	P	U	M	P	K	I	N	J	Q
N	N	D	Z	H	Q	A	X	E	Z	D	M	K	B	I
T	F	P	C	E	C	C	I	T	L	S	T	G	G	O
E	R	T	W	S	K	E	L	E	T	O	N	E	L	F
D	I	E	C	E	L	N	V	R	A	G	H	O	S	T
W	B	N	A	I	C	B	C	Y	D	E	A	Z	H	M
H	X	O	Q	T	Z	A	K	F	B	C	O	E	C	U
A	S	P	O	O	K	Y	N	A	S	A	L	E	G	M
X	M	L	M	O	O	N	P	D	U	Q	T	L	F	M
I	B	U	L	P	Z	Y	Q	X	Y	U	H	B	T	Y
D	E	B	N	V	A	M	P	I	R	E	B	E	N	T
B	N	P	R	Z	L	J	H	M	Q	A	G	I	J	H

APPLE
BAT
BOO
CANDY
CEMETERY
COSTUME
GHOST
HAUNTED

MOON
MUMMY
PUMPKIN
SKELETON
SPOOKY
TREAT
TRICK

VAMPIRE
WITCH

HALLOWEEN WORD SEARCH

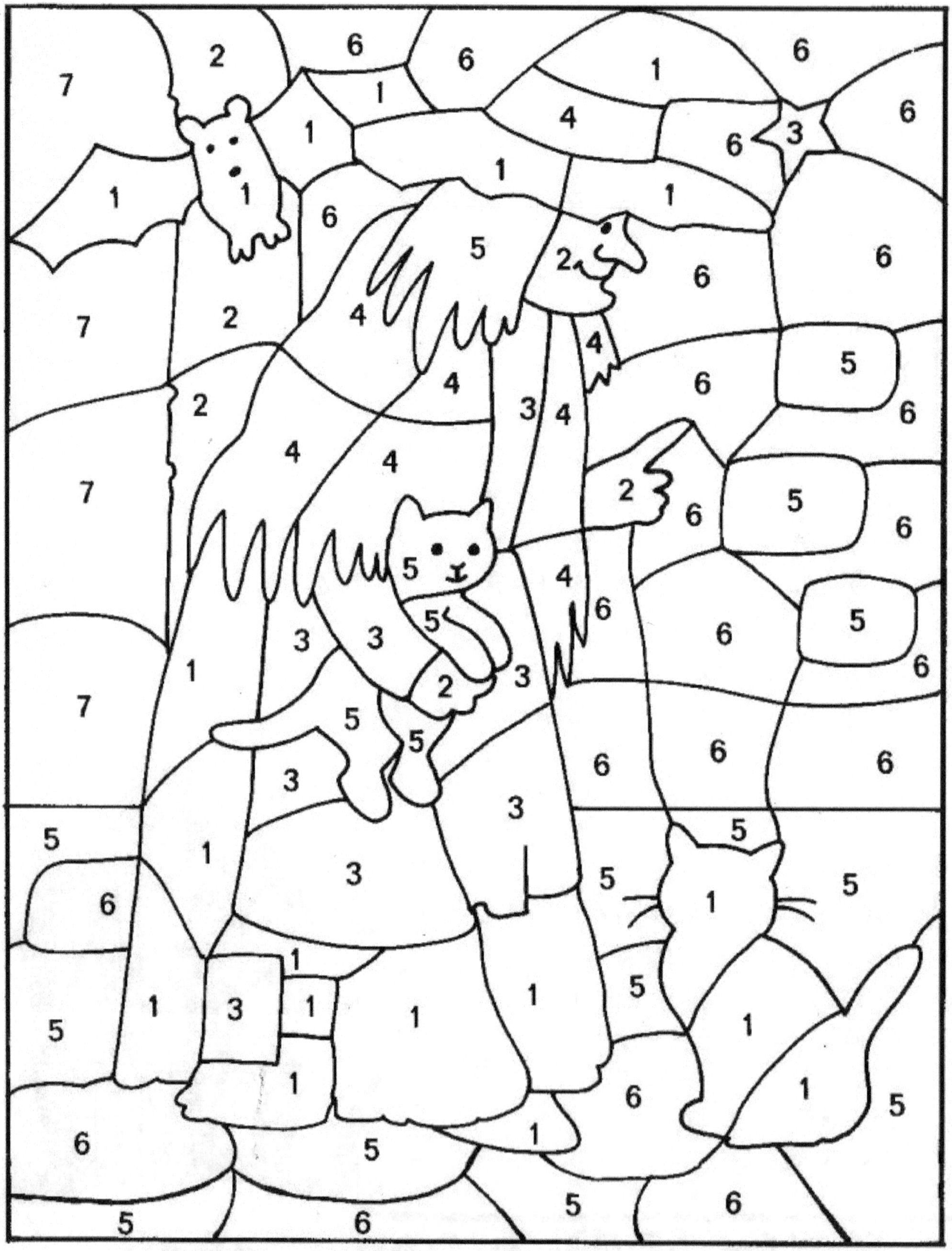

1-black 2-pink 3-red 4-purple
5-grey 6-brown 7-blue

Pumpkin

CHOCO
TRICK OR TREAT

BOO!

1 2 3 4 5 6 7 8 9 10 11 12 13 14 15 16 17 18 19 20 21 22 23 24 25 26 27 28 29 30 31 32 33 34 35 36 37 38 39 40 41 42 43 44 45 46 47 48 49 50

HALLOWEEN WORD SEARCH

Z	R	H	A	L	L	O	W	E	E	N	N	G	H	O	M
J	Y	F	A	K	R	N	B	T	K	I	O	G	Y	Q	Y
J	E	B	C	O	H	G	S	N	J	E	U	P	D	H	P
X	G	I	A	V	Z	O	I	V	G	V	D	L	O	T	A
T	R	O	U	Y	H	L	S	S	B	H	E	P	E	G	L
T	E	T	G	G	B	M	E	J	F	G	U	P	Z	Q	J
U	S	Y	Q	O	D	T	H	L	P	M	F	L	L	R	Q
S	R	O	G	S	S	A	C	P	P	D	B	U	E	V	G
C	O	S	T	U	M	E	T	K	Z	I	L	T	Q	C	O
G	I	J	X	K	H	F	I	Z	Z	L	S	M	X	F	C
C	O	Y	P	P	N	N	W	Z	H	N	G	M	L	T	T
C	Y	W	M	Z	V	F	B	L	O	F	O	O	B	C	O
M	O	F	X	M	X	U	E	M	T	A	E	R	T	N	B
L	M	I	Z	T	U	N	C	N	D	X	G	M	E	V	E
O	F	U	N	W	K	M	Q	N	J	O	Q	G	Z	L	R
J	G	H	U	T	B	Y	O	D	R	U	R	O	L	I	U

- October
- Ghost
- Costume
- Halloween
- Pumpkin
- Treat
- Monster
- Witches
- Goblin
- Fun
- Trick
- Mummy

Find 7 diffrences

1
2
3
4
6
7
8
9
10
11
12
13
14
15
16
17
18
19
20
21
22
23
24
25
26
27
28
29
30
31
32
33
34
35
36
37
38
39
40
41
42
43
44
45
46
47
48
49
50
51
52
53
54
55
56
57
58
59
60
61
62
63
64
65
66
67
68
69
70

PUMPKIN PUZZLE

l t o h p o l t o w c u g w c o p u l
u f b u r u t c u c u p u y p u b i t
e a b w i t c h i u l u m w g a i y g
o u h u n o u i o h o f o i w o u h a
e g a i c g b t f a t u n t b y l c f
p e p w e o p d y c u h s i e h t o p
a i o f s l e r o u f e t s p i d e r
o e g e s e v a m p i r e h e t a y t
l d i w u g e c u w o u r i u h u e o
i r h i p e h u l b e p e h c e f l c
y a o g a o p l e l r a t e i u b u i
a g i p u i c a g e t l e a s t a o u
h o u u a y t u o c h i p u c i i l p
o n c l y l b c i l u a f w a l g u a
l f p c a n d y g a l u y u r b i y t
a w o f i e u t u h i w g e y i a o f
u h c a h o f u p u m p k i n u y p u
o p w i y b e t i y f t l w u p t a p
f b a t h u g p a l u p g a f b l o u

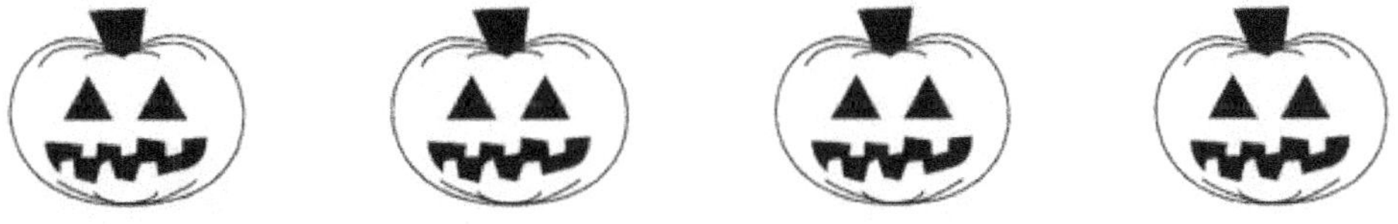

witch	dracula	rat	scary
vampire	dragon	spider	candy
monster	princess	pumpkin	bat

HALLOWEEN WORDSEARCH

N	E	E	W	O	L	L	A	H	R	B	R	Q	R	N
I	Q	H	N	R	O	C	Y	D	N	A	C	M	G	V
E	T	T	V	W	C	O	S	T	U	M	E	A	U	R
A	Y	X	H	F	I	C	D	X	O	M	S	R	V	E
E	F	V	I	G	M	T	C	H	M	M	P	O	S	B
Z	Y	M	F	Z	I	J	C	O	R	L	O	U	P	O
S	V	M	X	E	T	R	N	H	R	B	O	N	U	T
K	S	A	A	A	H	S	F	S	Q	H	K	K	M	C
S	T	E	E	L	T	Q	H	B	D	B	Y	W	P	O
A	S	R	Y	E	T	O	Y	E	D	F	C	W	K	B
M	T	C	R	S	R	D	T	W	S	T	L	H	I	G
O	A	S	O	R	N	N	F	B	B	C	R	Q	N	C
A	A	H	O	A	U	A	L	O	J	S	A	I	L	R
L	G	R	C	A	G	I	Z	C	G	Z	Z	R	C	E
W	N	Q	H	H	U	K	W	W	L	Q	F	I	Y	K

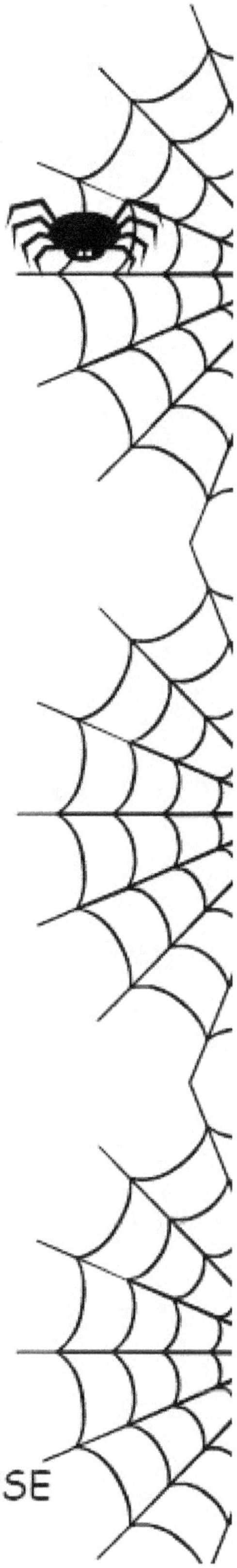

GHOST	PUMPKIN	FRIGHT	COB WEBS
WITCH	MONSTER	HORROR	CANDYCORN
TRICK	COSTUME	SCREAM	HALLOWEEN
TREAT	SPOOKY	BOO	OCTOBER
CANDY	SCARY	MASKS	HAUNTED HOUSE

1 – Black
2 – Brown
3 – Skin Color
4 – Red
5 – Gray

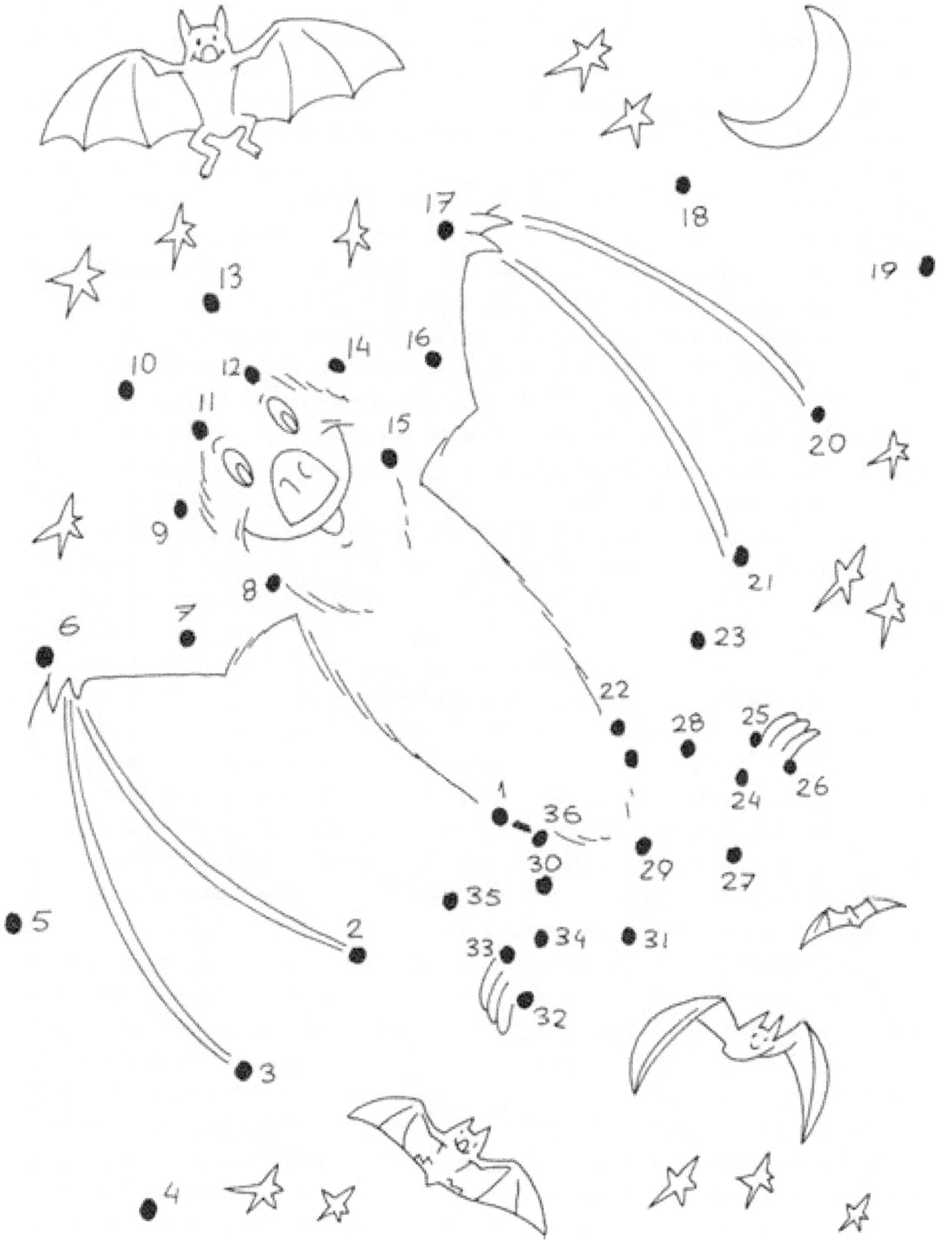
1
2
3
4
5
6
7
8
9
10
11
12
13
14
15
16
17
18
19
20
21
22
23
24
25
26
27
28
29
30
31
32
33
34
35
36

Halloween Maze

Can you help the spider find her way through the maze to her web?

www.ingramcontent.com/pod-product-compliance
Lightning Source LLC
Chambersburg PA
CBHW081422080526
44589CB00016B/2635